Hochdeutsch akzentfrei sprechen

Arnold Grunwald

Herstellung und Verlag: Books on Demand, Norderstedt 2013
ISBN 9783732255160
Printed in Germany

Inhalt

Hochdeutsch akzentfrei sprechen

Vorbemerkung

"Jeder soll so reden wie ihm der Schnabel gewachsen ist." Mit diesem Satz will man ausdrücken, dass man dem anderen nicht "den Mund verbieten" soll. Also dass jeder die Freiheit haben sollte, seine Meinung zu sagen. Doch darf man immer und überall so reden "wie einem der Schnabel gewachsen ist"?

Sprache und Ausbildung sind die wichtigsten Voraussetzungen im Beruf und im Fortkommen in unserer Gesellschaft. Wir sprechen nie für uns selbst, sondern immer für einen oder mehrere andere, die uns zuhören. Oft sprechen wir nicht im Bekanntenkreis, sondern vor Fremden. In vielen Fällen ist es gut, wenn man sich an Sprachregeln hält.

Zu den Sprachregeln gehört auch die richtige Aussprache. Stellen Sie sich einmal vor, ein Nachrichtensprecher oder eine Ansagerin würde im Fernsehen nicht akzentfrei sprechen. Wir würden das komisch finden. Die Fernsehanstalt würde das aber nicht komisch finden, sondern solch eine Person gar nicht erst einstellen.

Die korrekte Aussprache erlernt man nicht durch Lesen, sondern nur durch Hören und Sprechen. Für den Lernenden ist es also nötig, dass er in der korrekten Aussprache von einer Person angeleitet wird, die akzentfrei hochdeutsch spricht. Das Arbeitsbuch richtet sich an Personen ohne spezielles Vorwissen. Daher wird auf Fachausdrücke und die nur schwer verständlichen Beschreibungsfeinheiten der Sprachwissenschaften verzichtet.

Dieses Arbeitsbuch versteht sich als eine Hilfe für Personen, die ein akzentfreies Hochdeutsch sprechen möchten.

Anmerkung:

Immer wenn nicht der Buchstabe, sondern der Laut oder die Aussprache eines Wortes gemeint ist, wird im Folgenden ein Schrägstrich gesetzt. Also der Laut /a/ und der Buchstabe a. Bei Wörtern werden für das geschriebene Wort Anführungszeichen gesetzt, für die Aussprache ebenfalls Schrägstriche. Also das geschriebene Wort "Herr" und die französisch gefärbte Aussprache /err/.

Einleitung

In Deutschland ist so, wie überall auf der Welt. Es gibt Dialekte, Mundarten und regionale Sprachfärbungen. Dialekte sind eine eigene Sprache. Wer den Dialekt nicht kennt, kann ihn nur schwer verstehen. In München rufen die Fans des FC Bayern gern: "Mir san mia." Ins Hochdeutsche übersetzt heißt das: "Wir sind wir." Damit drückt man Stolz auf den Verein und das Land Bayern aus. In München freut man sich, wenn beim Oktoberfest das erste Bierfass mit dem Ruf "O` zapft is." angezapft wird. Das ist Dialekt und soll so bleiben.

In Norddeutschland gibt es einen Dialekt, den man niederdeutsch oder plattdeutsch nennt. In diesem Dialekt sagt man: "Wie snakt plattdütsch." Das heißt: "Wir sprechen plattdeutsch." In Hamburg gibt es das Ohnsorg-Theater, das manchmal Theaterstücke auf plattdeutsch aufführt. In München und in anderen Städten gibt es ähnliche Theater. Niemand möchte an diesem Dialekt etwas ändern. Dialekte dürfen gepflegt werden.

Im Mittelalter gab es auf deutschem Gebiet nur Dialekte, die oft so verschieden waren, dass man sich mit Personen aus anderen Gebieten nur schwer verständigen konnte. Seit der Erfindung des Buchdrucks und der Verstädterung war es nötig, zu einer einheitlichen Sprache zu kommen. Das Hochdeutsche, das man auch Standarddeutsch oder Schriftdeutsch nennt, ist erst in der Neuzeit entstanden.

Neben dem Dialekt gibt es Mundarten. Eine Mundart ist nicht Dialekt, sondern Hochdeutsch mit bestimmten Besonderheiten. Mundarten sind täglicher Sprachgebrauch in breiten Bevölkerungsschichten. Bleiben wir bei dem Beispiel des Ohnsorg-Theater in Hamburg. Dort werden zumeist nicht Stücke im Dialekt aufgeführt, da die wenigsten Zuschauer den Dialekt verstehen würden, sondern Komödien, die in der typischen Hamburger Mundart gesprochen werden. Die Aussprache weicht vom reinen

Hochdeutsch ab. Die Zuschauer verstehen alles und finden es spaßig. In anderen Regionen Deutschlands gibt es gleiche Theatervorstellungen in der hessischen, schwäbischen, sächsischen, bayerischen und anderen Mundart. Auch Mundarten werden also gepflegt.

Neben dem Dialekt und der Mundart gibt es noch eine Sprachfärbung. Sowohl der Sprachgebrauch wie auch die Aussprache ist von Region zu Region unterschiedlich. Man könnte von "Regionalsprachen" innerhalb einer Sprachgemeinschaft sprechen. Bestimmte Aussprachebesonderungen verbleiben als erlernte Sprachfärbung erhalten, selbst wenn man das Hochdeutsche beherrscht. Wir können oft an der Sprache erkennen, ob jemand in Berlin, Köln, Leipzig oder sonst wo aufgewachsen ist. Diese regionale Färbung der Sprache beruht auf leichten Abweichungen von der Hochsprache. Es handelt sich bei dem Sprecher um jemanden, der zwar Hochdeutsch spricht, aber nicht akzentfrei. An diesen Personenkreis wendet sich dieses Arbeitsbuch.

Das Hochdeutsch ist die Sprache in den Medien, in der Kultur, in der Politik, in Schulen und Hochschulen, also im öffentlichen Leben der Gesellschaft. Es ist in der Aussprache in eindeutigen Regeln festgelegt. Alle Sprachlaute und deren Verbindungen sind nach diesen Regeln zu verwenden. Das Hochdeutsche muss frei von Dialekteinflüssen, mundartlichen Besonderheiten und regionaler Sprachfärbung sein. Es muss akzentfrei sein. (In der Sprachwissenschaft verwendet man den Begriff "Akzent" etwas anders, nämlich für die Betonung in Wörtern.)

Die deutsche Schriftsprache weicht so wie andere Sprachen von der Aussprache ab. Das heißt, ein Buchstabe ist nicht das gleiche wie ein Laut. Menschen verwenden in ihren Sprachen weltweit etwa 250 verschiedene Laute. Das Deutsche kommt mit ungefähr 40 Lauten aus. Unser Alphabet hat aber nur 26 Buchstaben und einige Zusatzzeichen.

Man spricht von Lauttreue, wenn der Buchstabe einem Laut entspricht. Erstlesebücher verwenden gerne lauttreue Wörter wie

Oma, Opa, Mama, Papa, Nina, Susi, Kino und ähnliche. Eigentlich gibt es aber gar keine lauttreuen Wörter. Wenn man das sagt, lässt man außer Acht, dass auch die Vokale nicht eindeutig durch den Buchstaben bestimmt werden. Das Wort "Oma" ist deswegen nicht lauttreu, weil man das /O/ und das /a/ in dem Wort lang oder kurz sprechen kann. In Oma gibt es eine langes /o/ und ein kurzes /a/. Beachtet man das nicht so spricht man das Wort vielleicht wie /omma/ aus.

An der Schrift erkennen wir also nicht die Ausspracheregeln. Es gibt eine internationale Lautschrift, die uns sagt, wie ein Laut auszusprechen ist. Aber die internationale Lautschrift hilft dem Laien nicht, einen Laut richtig zu sprechen, da er die Aussprache der Lautschriftzeichen nicht kennt.

Im Deutschen spielt die Länge der Vokale und die Stimmhaftigkeit und Stimmlosigkeit von Konsonanten die wichtigste Rolle bei der Aussprache. Vokale werden entweder lang oder kurz, Konsonanten entweder stimmhaft oder stimmlos gesprochen.

Im Kehlkopf befinden sich Stimmlippen. Wenn die Sprechluft durch die Stimmlippen dringt, vibrieren die Stimmlippen in einer besonderen Art und erzeugen einen Ton. Dieser Grundton der Sprache wird dann im Mundraum durch die unterschiedlichen Stellungen der Sprechorgane wie Zunge und Lippen zu einem Sprachlaut. Stimmhaftigkeit entsteht, wenn die Stimmlippen eng beieinander stehen, Stimmlosigkeit entsteht, wenn die Stimmlippen weiter auseinander stehen. Das geschieht ganz unbewusst.

Jede Sprache besteht zwar aus Sprachlauten, aber das bloße Aneinanderreihen von Lauten ergibt noch kein verständliches Wort. Nehmen wir als Beispiel ein beliebiges kleines Wort, etwa das Wort "Kind". Wir können so buchstabieren: "Ka-i-en-de". Das ergibt kein Wort. Wenn wir die einzelnen Laute hintereinander sprechen würden, so hörte sich das so an: /k/ /i/ /n/ /d/. Das Sprechen einzelner Laute ist nicht als ein Wort zu verstehen. Das Wort entsteht, indem die Einzellaute ineinander fließen.

9

Beim Sprechen von Sätzen müssen wir nicht nur die richtige Aussprache der Wörter beachten. Wenn wir einen ganzen Satz sprechen, so sprechen wir die einzelnen Wörter nicht in der gleichen Tonhöhe, sondern wir sprechen in einem Rhythmus, der mit der Melodie eines Liedes vergleichbar ist. Wenn man die Tonhöhe im Satz nicht verändern würde, so hörte sich das Sprechen wie die Kunstsprache eines Roboters an.

Wenn wir nur eine einfache Aussage machen, lassen wir die Stimme am Ende des Satzes fallen, etwa "Das Buch ist neu." Die Stimme fällt beim Wort "neu". Wenn wir fragen, steigt die Stimme an: "Ist das Buch neu?" Wir können durch Betonung eines Wortes aber auch eine Aussage hervorheben: "Das Buch ist *neu*." Mit der Betonung des Wortes *neu* wollen wir sagen, dass das Buch nicht alt, sondern neu ist. Die Sprechmelodie wird dann richtig sein, wenn wir den Sinn des Satzes verstehen und richtig wiedergeben.

Die Satzmelodie kann in diesem Arbeitsbuch nicht geübt werden, da sie sich nur unter besonderer Anleitung erlernen lässt.

Hinzu kommen beim Sprechen von Sätzen und Texten noch andere Faktoren wie Atmung und die Bewegung des Körpers, die "Körpersprache", auf die hier aber nicht weiter eingegangen wird, da sie über den Ansatz dieses Arbeitsbuches hinausgehen.

Der Schwerpunkt liegt also beim Einüben von Wörtern und kleinen Sätzen. Schon damit kann die Aussprache verbessert und zu einem akzentfreien Sprechen hingeführt werden.

Die deutschen Sprachlaute

Die Laute der Sprache werden in Vokale und Konsonanten ein-geteilt. Die deutsche Schriftsprache kennt die 5 Vokale a, e, i, o, u, die 3 Umlaute ä, ö, ü und die 3 Doppellaute (Diphthonge) au, ei, eu. Alle zusammen werden hier als Vokale bezeichnet.

Die Doppellaute ei und eu treten auch noch in anderen Schreib-weisen auf: Für ei kann ai stehen: "Kaiser", oder ein ay: "Bayern", oder ein ey: "Meyer". Für eu kann ein äu stehen: "Häuser" und sel-ten auch ein oi, etwa im norddeutschen Dialekt "Moin" für "Guten Morgen."

Vokale sind stimmhafte Öffnungslaute. Vokale werden weitge-hend ohne einen Widerstand im Mundraum gebildet. Für die Ein-teilung der Vokale gibt es verschiedene Möglichkeiten. Man kann die Vokale danach gruppieren, ob sie vorne, in der Mitte, oder hin-ten im Mundraum gebildet werden. Man spricht auch von offenen und geschlossenen Vokalen. Das Wichtigste für uns ist, dass Vo-kale lang oder kurz oder sehr kurz gesprochen werden können. Bei der Unterscheidung zwischen lang oder kurz gibt es nicht nur 11 Vokale, wie man nach den Schriftzeichen denken könnte, son-dern viel mehr. Die Vokale, Umlaute und Diphthonge ergeben 20 Vokallaute in der deutschen Sprache.

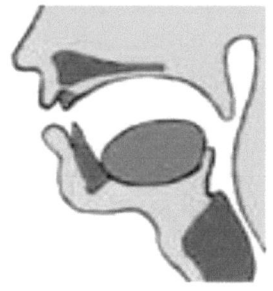
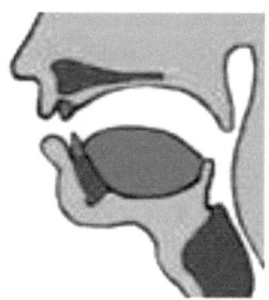

Vorderer Vokal /e/   Hinterer Vokal /u/

Alle Laute, die nicht Vokale sind, heißen Mitlaute oder Konsonanten. Das deutsche Alphabet hat 26 Buchstaben und die Zeichen ß, ch, sch. Zahlreiche Buchstaben sind gar nicht eigene Laute, sondern nur Schriftzeichen für andere Laute. Konsonanten als eigenständige Laute sind nur folgende Zeichen: b, d, f, g, h, j, k, l, m, n, p, r, s, t, w sowie ch und sch. Die Buchstaben c, qu, v, x, y, ß z sind keine eigenständige Laute, da sie lediglich Schriftzeichen für andere Konsonanten sind oder sich aus ihnen zusammensetzen. (Das h ist ein Hauchlaut und weder ein echter Konsonant, noch ein Vokal.)

Die Konsonanten r, s, ch und sch können auf zwei verschiedene Weisen gesprochen werden. Das /ng/ ist ein eigener Laut. Das z ist kein eigener Laut, da es nur aus den Lauten /t/ und /s/ besteht. Manche sehen im z aber doch einen eigenen Laut. Man kann auch das /pf/ und das /tsch/ als eigene Sprachlaute betrachten. Manche zählen 21 andere 22 Konsonanten. Doch das ist Thema der Sprachwissenschaft und soll uns hier nicht weiter interessieren. Ob es 41 oder 42 deutsche Sprachlaute gibt, ist hier nicht wichtig. Jedenfalls sind es mehr als 40 Laute.

Für jeden Konsonanten lässt sich genau erklären, an welcher Stelle im Mundraum er gebildet wird, welches Hindernis er dabei überwinden muss, wie dieses Hindernis überwunden wird und welche Stelle dabei die Zunge, die Lippen und der Kehlkopf spielen. Danach lassen sich die Konsonanten in Gruppen einteilen und zwar in folgender Weise:

o Explosivlaute: /b/, /p/, /d/, /t/, /g/, /k/
o Reibelaute: /f/, /w/, /s/, /sch/, /ch1/, /ch2/, /j/
o Engelaute: /l/
o Schwirrlaute: /r/, /R/
o Nasallaute: /m/, /n/, /ng/
o Hauchlaut: /h/
   (Die Bedeutung der Zeichen /ch1/, /ch2/, /r/ und /R/ wird im Text erklärt.)

Konsonanten sind entweder stimmhaft oder stimmlos. Sie werden entweder durch den geöffneten Mund oder durch die Nase gesprochen. Nur die Laute /m/, /n/, /ng/ werden durch die Nase gesprochen und heißen deswegen Nasale. Die anderen Konsonanten heißen Orale (oral heißt "durch den Mund"). Also lassen sich die Konsonanten in Stimmhafte und Stimmlose und auch in Orale und Nasale einteilen.

Man kann genau sagen, an welcher Stelle im Mundraum die Konsonanten gebildet werden. Man teilt den Mundraum in sechs Artikulationsgebiete ein. Danach kann man ein Schaubild für die Bildung der Konsonanten erstellen. Für die richtige Aussprache ist das Wissen darum vornehmlich für Spracherzieher/Innen, aber nicht für den Laien wichtig. Das Schaubild soll hier zur Information für Interessierte wiedergegeben werden.

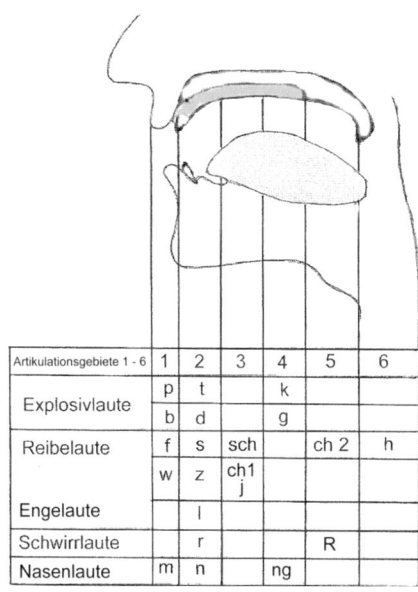

Artikulationsgebiete 1 - 6	1	2	3	4	5	6
Explosivlaute	p	t		k		
	b	d		g		
Reibelaute	f	s	sch		ch 2	h
	w	z	ch1 j			
Engelaute		l				
Schwirrlaute		r			R	
Nasenlaute	m	n		ng		

Artikulationsgebiete der Konsonanten in der deutschen Sprache

Der Laut /a/

Das /a/ ist ein vokalischer Öffnungslaut. Das /a/ kann lang oder kurz gesprochen werden. Die Zunge liegt flach im Mundraum. Die Zungenspitze liegt an den vorderen Schneidezähnen, der mittlere Zungenrücken ist leicht angehoben. Der Mund ist beim langen /a/ weit, beim kurzen /a/ nur wenig geöffnet.

Wörter mit langem /a/	**A**rm, **Aa**l, W**a**l, T**a**l, K**a**hn, Kr**a**n, St**a**b, S**aa**l, D**a**me, K**a**nal, s**a**gen, r**a**ten, fr**a**gen, w**a**hr, d**a**
Wörter mit kurzem /a/	**A**ffe, **A**mt, S**a**nd, L**a**nd, W**a**ld, D**a**mm, K**a**mm, **a**m, **a**lt, h**a**t, s**a**tt, l**a**ng, k**a**lt, k**a**nn, d**a**nke, b**a**ld
Wörter mit langem und kurzem /a/	B**a**rmann, R**a**tschlag, T**a**tkraft, r**a**tsam, B**a**hndamm, st**a**hlhart, K**a**hlschlag, sp**a**rsam, d**a**menhaft, sch**a**mhaft, St**a**atsmann, w**a**hrhaft (Das lange /a/ steht im Fettdruck.)

Übungssätze für den Laut /a/
(Das lange /a/ steht im Fettdruck.)

1. Wer die W**a**hl hat, hat die Qu**a**l.
2. Man kann viel fr**a**gen, **a**ber nicht alles beantworten.
3. Es ist r**a**tsam, seine K**a**rten offen zu legen.
4. Wer Spaß hat, hat gut Lachen.
5. Ein W**a**l kann lange unter Wasser bleiben.
6. Man d**a**rf auf der Autobahn nicht r**a**sen.

Der Laut /e/

Das /e/ ist ein vokalischer Öffnungslaut. Die Zungenspitze liegt an den vorderen Schneidezähnen, der vordere Zungenrücken ist leicht angehoben. Es gibt vier /e/-Laute: Das lange /e/, das gedehnte /e/, das kurze /e/ und ein sehr kurzes /e/ am Wortende.

Beispiel für das lange /e/:   **E**feu
Beispiel für das gedehnte /e/:   **e**cht
Beispiel für das kurze /e/:   w**e**nn
Beispiel für das sehr kurze /e/: hatt**e**

Wörter mit langem /e/	**E**mil, **e**wig, L**e**o, Th**e**o, S**ee**, Kl**ee**, Schn**ee**, R**e**h, L**e**na, F**ee**, T**ee**, g**e**nau, g**e**nug, w**e**nig
Wörter mit gedehntem /e/	**e**cht, Bl**e**ch, H**e**cht, H**e**rr, schl**e**cht, r**e**cht, f**e**rn, fr**e**ch, **e**rnten, g**e**rn, f**e**rtig, j**e**tzt
Wörter mit kurzem /e/	r**e**nnen, k**e**nnen; n**e**nnen, w**e**tten, d**e**nn, w**e**nn, f**e**st, R**e**st, N**e**st, b**e**llen, b**e**sser
Wörter mit sehr kurzem /e/	Kann**e**, Sonn**e**, Tann**e**, Tüt**e**, Tant**e**, Falt**e**, Spalt**e**, Mitt**e**, hatt**e**, Hütt**e**, Latt**e**, Kant**e**

Übungssätze für den Laut /e/
(Das lange /e/ steht im Fettdruck.)

1. Das **Re**h st**e**ht auf der Wiese.
2. **Je**der g**e**ht seinen eigenen Weg.
3. Es ist alles r**e**lativ, aber nicht **e**gal.
4. Bei Schn**ee** best**e**ht Lawineng**e**fahr.
5. Die Ente lebt am S**ee**.
6. Geld r**e**giert die Welt.

15

Der Laut /i/

Das /i/ ist ein vokalischer Öffnungslaut. Die Zunge liegt flach im Mundraum. Die Zungenspitze liegt an den unteren Schneidezähnen, der vordere Zungenrücken ist leicht angehoben. Die Lippen sind beim kurzen /i/ entspannt, breiten sich aber beim Sprechen des langen /i/. Die Zahnreihen stehen etwas auseinander.

Wörter mit langem/i/	Igel, Idee, Israel, Italien, Nil, Kino, Tiger, Stil, ihr, ihm, Lineal, Kusine, Dino, antik, aktiv
Wörter mit kurzem /i/	Insel, Imker, Insekt, Bild, Wind, Blitz, Tisch, Hilfe, Kind, Lippe, immer, innen, bitte, still
Wörter mit langem und kurzem /i/	windschief, Rindvieh, richtig, lieblich, Kirchenlied, Spieltisch, Indianer, niedlich, zierlich, Stiefkind, liderlich, spielerisch (Das lange /i/ steht im Fettdruck.)

Für das i gibt es folgende Schreibweisen: i - ie - ih - ieh. Im Deutschen nennt man das ie häufig "langes i". Schulkindern wird mitunter gesagt, das lange /i/ werde ie geschrieben. Das ist aber sehr ungenau, da es zahlreiche andere Schreibweisen eines langen /i/ gibt. Wir müssen mehrere Regeln beachten:

o Wenn ich ein /i/ kurz spreche, schreibe ich immer nur ein **i**.
o Wörter mit einem langen /i/, schreibe ich oft mit **ie**.
o Viele Wörter mit langem /i/ werden aber nicht mit ie, sondern nur mit i geschrieben, z.B. "**I**gel", "**Ti**ger", "**li**la".
o Bei Wörtern, die auf **ine** enden, wird das i lang gesprochen. Zum Beispiel: "Gardine", "Margarine", "Lawine".
o Bei Wörtern, die auf il, iv, ig enden, wird das /i/ lang gesprochen. Zum Beispiel: "Krokod**i**l", "akt**i**v", "ew**i**g".

o Die Fürwörter ihm, ihr, ihn, ihnen schreibt man mit **ih** und spricht sie mit langem /i/.
o Das **ieh** gibt es nur bei einigen Wörtern (etwa "Vieh") und bei Wörtern, die ein h als Silbenanfang haben und dann verändert werden. Zum Beispiel: "Du fliehst." Es kommt von "flie - hen".

Übungssätze für den Laut /i/
(Das lange /i/ steht im Fettdruck.)

1. Nicht immer herrscht Fr**ie**den.
2. Hilf **ih**nen, wenn **sie** in Not sind.
3. Immer w**ie**der z**ie**ht es den Urlauber nach **I**tal**ie**n.
4. Das Krokod**i**l fühlt sich im **Ni**l v**ie**l wohler als im Zoo.
5. Der **I**gel frisst am l**ie**bsten winzige T**ie**rchen.
6. Das Rindv**ieh** grast gern auf der W**ie**se.
7. Alles Irdische ist begrenzt und nicht ewig.
8. Jede Blume hat einen St**ie**l.
9. **Gi**b nicht nur Acht auf dein Äußeres.
10. Mit dem L**i**neal zeichnet man eine L**i**n**ie**.
11. Wer vor Lawinen nicht fl**ieh**t, ist nicht mutig.
12. Im K**i**no soll man sich still verhalten.

Der Laut /o/

Das /o/ ist ein vokalischer Öffnungslaut. Die Zunge liegt flach im Mund, der hintere Zungenrücken ist leicht angehoben. Die Lippen sind gerundet. Beim langen /o/ ist die Lippenrundung fest und eng, beim kurzen /o/ öffnet sich der Mund, die Lippenrundung ist fast aufgehoben.

Wörter mit langem /o/	**O**fen, **O**ma, **O**bst, M**o**nd, r**o**t, B**oo**t, S**o**fa, L**o**hn, N**o**t, V**o**gel, Kr**o**ne, D**o**se, R**o**se, S**o**hn
Wörter mit kurzem /o/	Gold, Topf, Post, Sonne, Wolle, Stoff, Holz, oft, offen, voll, wollen, Tropfen, Wolke, Sorge
Wörter mit langem und kurzem /o/	Br**o**tkorb, **O**fenrost, T**o**ntopf, Holzst**o**ß, Morgenr**o**t, sorgenl**o**s, Holzt**o**r, W**o**hnort (Das lange /o/ steht im Fettdruck.)

Übungssätze für den Laut /o/
(Das lange /o/ steht im Fettdruck.)

1. Kein Aut**o** fährt **o**hne M**o**t**o**r.
2. Eine Anpr**o**be ist kostenlos.
3. Jedem Sonntag folgt ein M**o**ntag.
4. Der V**o**gel nistet in der h**o**hen Baumkr**o**ne.
5. Borgen macht Sorgen.
6. Wie gewonnen, so zerronnen.

Der Laut /u/

Das /u/ ist ein vokalischer Öffnungslaut. Die Zunge liegt flach im Mund. Die Zungenspitze liegt an den vorderen Schneidezähnen, der hintere Zungenrücken ist leicht angehoben. Die Lippen sind stark gerundet. Kein anderer Laut erfordert eine derart starke Rundung des Mundringmuskels wie das /u/.

Wörter mit langem /u/	**U**hr, **U**hu, K**u**h, P**u**te, Bl**u**t, H**u**t, M**u**t, W**u**t, g**u**t, kl**u**g, Kr**u**g, T**u**ch, B**u**ch, St**u**hl, Z**u**g
Wörter mit kurzem /u/	um, und, bunt, rund, dumm, stumm, Hund, Grund, Muster, nun, krumm, Mund, Kunst
Wörter mit langem und kurzem /u/	**U**mzug, Bl**u**menduft, bl**u**tjung, **Z**ugluft, P**u**tenbrust, D**u**rchzug, St**u**rmflut, S**u**chhund (Das lange /u/ steht im Fettdruck.)

Übungssätze für den Laut /u/
(Das lange /u/ steht im Fettdruck.)

1. Überm**u**t t**u**t selten g**u**t.
2. Wer G**u**tes t**u**t, muss sich nicht fürchten.
3. Bei einem **U**mzug kann es lustig z**u**gehen.
4. Der **U**hu s**u**cht n**u**r nachts seine Beute.
5. Auf W**u**nder zu warten ist dumm.
6. Man hat für alles immer einen g**u**ten Grund.

Der Umlaut /ä/

Der Umlaut ä ist ein vokalischer Öffnungslaut. Das ä kann lang oder kurz gesprochen werden. In beiden Fällen liegt die Zungenspitze am unteren Zahndamm, der hintere Zungenrücken ist nach oben gewölbt. Beim langen /ä/ ist der Mund weit geöffnet, beim kurzen /ä/ ist der Mund nur leicht geöffnet. Das kurze /ä/ wird wie ein /e/ im Wort "echt" gesprochen.

Wörter mit langem /ä/	**Bär**, **Säge**, **Kräne**, **Mähne**, **Käse**, **Späne**, **Zähne**, **Räder**, **Gläser**, **spät**, **gezähmt**, **ähnlich**
Wörter mit kurzem /ä/	**Ämter**, **Äpfel**, **älter**, **männlich**, **Kälte**, **Mäntel**, **Kämme**, **Säcke**, **Dächer**, **Tänze**, **Bänke**

In den folgenden Sätzen das /ä/ lang sprechen.
(Das lange /ä/ steht im Fettdruck.)

1. Die N**ä**herin näht die Knöpfe mit F**ä**den an.
2. Man sagt, das H**ä**schen fr**ä**ße gerne Gr**ä**schen.
3. Der Lehrer sagt: "Wer n**ä**mlich mit h schreibt ist d**ä**mlich."

In den folgenden Sätzen das /ä/ kurz sprechen.
(Das kurze /ä/ steht im Fettdruck.)

1. Die Sprache unterliegt st**ä**ndig Ver**ä**nderungen.
2. L**ä**ndergrenzen sind unab**ä**nderlich.
3. An den W**ä**nden h**ä**ngen Kr**ä**nze und B**ä**nder.

Der Umlaut /ö/

Der Umlaut /ö/ ist ein vokalischer Öffnungslaut. Das ö kann lang oder kurz gesprochen werden. Die Zungespitze liegt am unteren Zahndamm, der Zungenrücken ist leicht nach oben gewölbt. Die Lippen sind beim langen /ö/ so stark gerundet wie beim Laut /o/, beim kurzen /ö/ wird der Mund weiter geöffnet und die Lippenrundung ist nur noch schwach.

Wörter mit langem /ö/	**Ö**l, **Ö**se, Kr**ö**te, L**ö**we, K**ö**nig, b**ö**se, T**ö**ne, F**ö**hn, M**ö**we, tr**ö**sten, sch**ö**n, b**ö**se, r**ö**tlich
Wörter mit kurzem /ö/	**ö**ffentlich, **ö**stlich, v**ö**llig, T**ö**pfe, Z**ö**pfe, H**ö**lle, M**ö**nch, L**ö**cher, St**ö**cke, sch**ö**pfen, k**ö**nnen

In den folgenden Sätzen das ö lang sprechen.
(Das lange /ö/ steht im Fettdruck.)

1. Du sollst nicht B**ö**ses mit B**ö**sem vergelten.
2. Vers**ö**hnung ist h**ö**her einzuschätzen als sch**ö**ne Worte.
3. Der L**ö**we ist der K**ö**nig der Tiere.

In den folgenden Sätzen das ö kurz sprechen.
(Das kurze /ö/ steht im Fettdruck.)

1. Wir k**ö**nnen aus dem Vollen sch**ö**pfen.
2. Der buddhistische M**ö**nch trägt stets ein Gl**ö**ckchen mit sich.
3. Wer m**ö**chte nicht v**ö**llig glücklich sein.

Der Umlaut /ü/

Der Umlaut /ü/ ist ein vokalischer Öffnungslaut. Das ü wird lang oder kurz gesprochen. Der Zungenrücken hebt sich leicht in Richtung des harten Gaumens. Beim langen /ü/ sind die Lippen stark gerundet, beim kurzen /ü/ sind die Lippen nur wenig gerundet.

Wörter mit langem /ü/	Übung, über, üben, üblich, müde, gütig, übrig, überall, drüben, Stühle, Hüte, Tüte
Wörter mit kurzem /ü/	Brücke, müssen, krümmen, brüllen, Hütte, Hülle, gültig, Büchse, Früchte, Nüsse, dünn

In den folgenden Sätzen das /ü/ lang sprechen.
(Das lange /ü/ steht im Fettdruck.)

1. Früh übt sich, wer ein Meister werden will.
2. Drüben sieht man überall trübe Wolken treiben.
3. Du sollst nicht lügen und nicht betrügen.

In den folgenden Sätzen das /ü/ kurz sprechen.
(Das kurze /ü/ steht im Fettdruck.)

1. In der Kürze liegt die Würze.
2. Dem Feigen weist das Glück den Rücken.
3. Die Früchte hängen in Hülle und Fülle an den Ästen.

Die Diphthonge /au/ - /ei/ - /eu/

Die Doppellaute der deutschen Sprache sind vokalische Laute. Sie werden lang gesprochen. Sie setzen sich aus zwei vokalischen Lauten zusammen, die nicht den beiden Buchstaben des Doppellautes entsprechen. Der erste Teil des Doppellautes trägt die Betonung, der zweite Teil beeinflusst die Lippenformung und Kieferstellung. Die beiden Laute fließen eng ineinander.

Das /au/ setzt sich phonetisch aus einem kurzen /a/ und einem langen /o/ zusammen. Das Wort "Auge" wird nicht /A - u - ge/ gesprochen, sondern /Aoge/. Das /a/ trägt die Betonung, das /o/ kann gedehnt und lang gesprochen werden.

Wörter mit /au/   **Au**to, **Au**ge, Fr**au**, l**au**t, gen**au**, s**au**er, gr**au**

Das /ei/ setzt sich phonetisch aus einem kurzen /a/ und einem langen /i/ zusammen. Die Betonung liegt auf dem /a/, das /i/ kann gedehnt werden. (Das ei wird auch ai, ay, ey geschrieben)

Wörter mit /ei/   **Ei**s, **Ei**mer, fr**ei**, gl**ei**ch, K**ai**ser, B**ay**ern, M**ey**er

Das /eu/ setzt sich phonetisch aus einem kurzen /o/ und einem langen /i/ zusammen. Die Betonung liegt auf dem Laut /o/, das /i/ kann gedehnt werden. (Das eu wird auch äu und oi geschrieben)

Wörter mit /eu/   **Eu**le, **Eu**ter, tr**eu**, fr**eu**en, H**äu**ser, R**äu**ber

Übungssätze für den Laut /au/

1. Man soll nicht **kau**fen, was er man nicht br**au**cht.
2. Beim **Kau**fen sollte man schon schl**au** sein.
3. Die gr**au**e M**au**s k**au**ert **au**f der M**au**er.

Übungssätze für den Laut /ei/

1. **Ei**ne kl**ei**ne W**ei**sheit besagt: **Ei**le mit W**ei**le.
2. **Sei** gesch**ei**t und verm**ei**de den Str**ei**t.
3. Was m**ei**n ist soll auch d**ei**n s**ei**n.

Übungssätze für den Laut /eu/

1. Tr**äu**me sind Sch**äu**me.
2. Die Tr**eu**e mag **eu**ch als l**eu**chtendes F**eu**er erfr**eu**en.
3. Der Untr**eu**e folgt h**äu**fig die R**eu**e.

Die Laute /b/ und /p/

Die Laute /b/ und /p/ sind Explosivlaute. Die Lippen sind anfangs geschlossen und werden durch einen Luftdruck im Mundraum schnell geöffnet. Beide Laute werden gleich gebildet. Das /b/ ist stimmhaft, das /p/ ist stimmlos.

Wörter mit /b/	**B**all, **B**aum, **B**är, **B**art, **B**esen, **B**oden, **B**latt, **B**rille, **b**eten, **b**aden, o**b**en, lo**b**en, ü**b**en, a**b**er
Wörter mit /p/	**P**ost, **P**insel, **P**aar, **P**apier, **P**ap**p**e, **P**u**pp**e, Su**pp**e, Ka**pp**e, Ku**pp**el, Li**pp**e, wi**pp**en, kna**pp**

Ein b am Wortende und Silbenende wird als /p/ gesprochen. Wenn dem b am Wortende ein t folgt, wird das b ebenfalls als /p/ gesprochen.

Das b als /p/ am Wortende:	Kor**b**
Das b als /p/ im Wort als Silbenende:	le**b**haft
Das b am Wortende mit folgendem t:	A**b**t

Wörter mit b als Laut /p/	Kal**b**, hal**b**, Sta**b**, lie**b**, Lau**b**, Sie**b**, Kor**b**, trü**b**, Stau**b**, Gra**b**, Rau**b**, Die**b**, tau**b**, gel**b**, A**b**t

Übungssätze für die Laute /b/ und /p/
(Die fettgedruckten Buchstaben b wie /p/ sprechen.)

1. Der braune Bär to**b**t im Wald herum.
2. Das Lau**b** ist im Her**b**st gel**b**lich gefär**b**t.
3. In einem Kor**b** sind Äpfel und Birnen.
4. Wer glau**b**t, dass alles erlau**b**t ist, irrt sich.
5. Die Schu**b**lade ist bis oben voll.
6. Wer ü**b**t, hat bald Freude an der Übung.

Die Laute /d/ und /t/

Die Laute /d/ und /t/ sind Explosivlaute. Sie werden gebildet, indem ein Verschluss der Zungenspitze oder auch des vorderen Zungenrückens am oberen harten Gaumen bei den oberen Schneidezähnen aufgesprengt wird. Beide Laute werden gleich gebildet. Das /d/ ist stimmhaft, das /t/ ist stimmlos.

Wörter mit /d/	**D**ame, **D**amm, **D**ose, **d**er, **d**ie, **d**as, **d**ick, **d**ünn, **D**orf, **D**ach, A**d**er, o**d**er, Fa**d**en, La**d**en
Wörter mit /t/	**T**at, **T**üte, **T**ee, **T**afel, **T**eer, **T**inte, **T**apete, Hu**t**, **T**eich, **T**eig, **T**ulpe, **T**aube, **T**aufe, Ke**tt**e, bi**tt**en

Ein d am Silbenende wird immer als ein /t/ gesprochen. Ein dt wird als /t/ gesprochen. Beispiele: Sta**dt**, verwan**dt**, abgesan**dt**

Wörter, mit d als Laut /t/	Hun**d**, Mun**d**, Han**d**, Lan**d**, Kin**d**, Win**d**, Ran**d**, Ban**d**, blin**d**, San**d**, en**d**los, Schul**d**, bal**d**

Übungssätze für die Laute /d/ und /t/
(Die fettgedruckten Buchstaben d wie /t/ sprechen.)

1. Tee hält sich in Tüten über Tage und Monate.
2. Im Laden findet man tausen**d** Dinge.
3. Manchmal sin**d** wir grun**d**los traurig.
4. Wenn ein Hun**d** bellt, bellen bal**d** alle Hunde.
5. Diamanten sin**d** sün**d**haft teuer.
6. Ein Kin**d** spielt gerne im San**d**.

Die Laute /g/ und /k/

Die Laute /g/ und /k/ sind Explosivlaute. Anfangs liegt der Zungenrücken fest am hinteren weichen Gaumen und verschließt jeden Luftdurchgang. Der Verschluss wird durch die Sprechluft aufgesprengt. Die Zungenspitze liegt unten am Zahndamm. Beide Laute werden gleich gebildet. Das /g/ ist stimmhaft, das /k/ ist stimmlos.

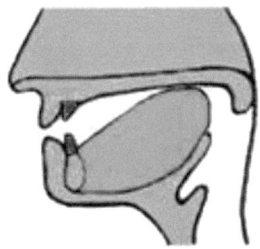

Zungenlage beim /g/ und /k/

Wörter mit /g/	**G**eige, **G**ott, **G**ardine, **G**eneral, **G**ewehr, Au**g**e, **g**e**g**en, **g**ut, **G**arn, **g**ern, Bo**g**en, De**g**en, I**g**el
Wörter mit /k/	**K**anu, **K**ammer, **K**ater, **K**leid, **K**reide, **K**nie, **K**atze, **k**aufen, Har**k**e, Bir**k**e, star**k**, Par**k**

Das ck wird wie /k/ gesprochen.

Wörter mit ck als /k/	E**ck**e, He**ck**e, A**ck**er, ba**ck**en, bü**ck**en, di**ck**, Ha**ck**e, Brü**ck**e, le**ck**en, Ku**ck**uck, Ru**ck**sack

Ein g am Wort- und Silbenende wird als /k/ gesprochen. Ebenso wird das g bei gebeugten Formen von Verben, denen noch ein Buchstabe folgt, als /k/ gesprochen. Beispiel: "Er fliegt.", gesprochen: /fliekt/.

Wörter mit g als Laut /k/	Ber**g**, Bur**g**, We**g**, Zwei**g**, Zwer**g**, Sie**g**, Ste**g**, Ta**g**, klu**g**, Kru**g**, ar**g**los, bie**g**sam, kla**g**los

Übungssätze für die Laute /g/ und /k/
(Die fettgedruckten Buchstaben g wie /k/ sprechen.)

1. Im Garten gedeiht das Gemüse.
2. Wer gesund ist, muss nicht nach Geld fragen.
3. Du erträ**g**st kla**g**los deine Schmerzen.
4. Mit Körnern und Käse lockt man Mäuse.
5. Gesundheit wie**g**t mehr als Gold und Geld.
6. Die Bur**g** steht auf dem Ber**g**.
7. Der We**g** ist das Ziel.

…ig und …ich als Wortendung

In der Umgangssprache wird die Endung ig häufig wie /ich/ gesprochen. Das fällt kaum auf, ist aber nicht richtig. Die Endung ig muss als /ik/ gesprochen werden. Wenn die Wörter mit der Endung ig verlängert werden, steht das g nicht mehr am Wortende und wird als /g/ gesprochen. Beispiel: "Die Birne ist saftig." Aber: "Es gibt saftige Früchte." (Das g am Silbenanfang als /g/ sprechen.)

Wörter mit der Endung ich als /ich/	neul**ich**, herrl**ich**, weibl**ich**, hoffentl**ich**, männl**ich**, jährl**ich**, tägl**ich**, glückl**ich**
Wörter mit der Endung ig als /ik/	wen**ig**, ew**ig**, züg**ig**, gnäd**ig**, nebl**ig**, fleiß**ig**, läst**ig**, traur**ig**, güt**ig**, eil**ig**

Der Laut /ng/

Das /ng/ ist nicht ein /n/ plus /g/, sondern ein eigener Laut, der dadurch gebildet wird, dass der hintere Zungenrücken fest am hinteren weichen Gaumen liegt und den Durchlass der Atemluft durch den Mund verschließt. Die gesamte Atemluft entweicht beim Sprechen durch den Nasenraum. In der internationalen Lautsprache hat der Laut ein eigenes Zeichen, das so aussieht: (ŋ)

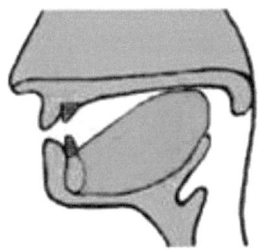

Zungenlage beim Laut /ng/

Wörter mit /ng/	Angel, Engel, Klingel, Zunge, Zange, Enge, Junge, Ringer, Menge, Mangel, lange, Dinge, Stange, bringen, singen, hängen, klingen

Erscheint das ng am Wortende, so wird es wie /nk/ gesprochen.

Wörter mit ng am Wortende als Laut /nk/	Ding, Klang, Ring, Hang, Abhang, Gang, Gesang, Fang, jung, bang, Drang, Rang, Dung, lang, Vorgang, Übergang, eng

Wenn ein n und ein g in einem Wort zusammentreffen, weil zwei Silben aufeinander treffen, so handelt es sich nicht um den Laut /ng/. In diesem Fall werden /n/ und /g/ gesprochen. Beispiele für das Aufeinandertreffen von n und g, die nicht den Laut /ng/ ergeben: an - genommen, an - gefangen, ein - gegangen, Un - glück.

29

Übungssätze für den Laut /ng/

1. An einer langen Stange hängen Ringe.
2. Der Junge angelt mit seiner Angel.
3. Zum Fest backen wir eine Menge Kringel.
4. Beim Anstehen in der Schlange darf man nicht drängeln.
5. Mit zu viel Strenge werden Kinder gegängelt.
6. Der Ringer hat sich einen Finger gebrochen.
7. Je länger wir üben, umso mehr Erfolg wird es uns bringen.
8. Um etwas zu erlangen, müssen wir anfangen.
9. Die Engel sollen uns Schutz bringen.
10. Zu Weihnachten erklingen die Glocken.
11. Die Zunge kann im Mundraum eine Enge bilden.
12. Man hat mit dem Üben nie zu früh angefangen.

Das /nk/ und /kn/

Das nk wird nicht als /n/ plus /k/ und auch nicht wie ein stimmloses /ng/ gesprochen. Es setzt sich aus dem stimmlosen Nasallaut /ng/ und dem Laut /k/ zusammen, wobei da /k/ deutlich betont wird.

Wörter mit /nk/   Anker, Ranke, lenken, schenken, danken, winken, Bank, Dank, Schrank, flink, sinken

Übungssätze für das /nk/

1. Anke und Frank sind Geschwister.
2. Das Schiff ankert am Ankerplatz.
3. Der Mensch denkt, Gott lenkt.

Das kn ist kein eigener Laut. Das kn besteht aus dem Explosivlaut /k/ und dem Nasallaut /n/. Die Betonung liegt auf der zweiten Hälfte, dem /n/. Beide Laute werden eng zusammen gesprochen.

Wörter mit kn   Knall, Knie, Knochen, Knecht, knapp, kneifen, Knoten, Knopf, Knabe, knipsen

Übungssätze für das /kn/

1. Im Knie befinden sich Knochen und Knorpel.
2. Endlich ist der Knoten geplatzt.
3. Der freie Mensch ist niemandem ein Knecht.
4. Im alten Haus knirscht und knarrt es in den Balken.
5. Wir knipsen das Licht mit einem Schalter an.
6. Für Seemänner ist Knoten knüpfen eine Kunst.

Die Laute /f/ und /w/

Die Laute /f/ und /w/ sind Reibelaute. Bei ihrer Bildung ist ein Kontakt der oberen Schneidezähne mit der Unterlippe nötig. Durch diese Enge wird die Sprechluft geführt. Beide Laute werden gleich gebildet. Das /f/ ist stimmlos, das /w/ stimmhaft. Das f erscheint als Buchstabe auch in der Konsonantenverbindung pf.

Wörter mit /f/   Faden, Feder, Frau, Fahne, Feile, Affe, sanft, frei, froh, Saft, Stoff, treffen, Fenster, Kaffee

Wörter mit /w/   Wal, Wand, Welle, Wolle, Wiese, Wiege, Welt, Wind, Wald, Möwe, Löwe, Uwe, warten, ewig

Übungssätze für die Laute /f/ und /w/
(Das stimmhafte /w/ steht im Fettdruck.)

1. Fahnen und Flaggen flattern im **W**ind.
2. **W**er fit sein **w**ill, muss sich bewegen.
3. Im Frühling blüht **w**ieder der Flieder.
4. **W**ir **w**ollen die **W**ahrheit sagen.
5. **W**er **w**agt gewinnt.
6. **W**ir feiern die Feste **w**ie sie kommen.

Das pf

Das pf kann als eigenständiger Laut auftreten oder nur ein Zu-
sammentreffen der Laute /p/ und /f/ sein. Am Wort- und Silbenan-
fang und am Wortende ist es ein eigener Laut. Das pf ist eine Ver-
bindung aus dem Explosivlaut /p/ und dem Reibelaut /f/.

Wörter mit /pf/ als eigener Laut	**Pf**erd, **Pf**anne, **Pf**ahl, **Pf**eife, **Pf**lanze, **Pf**and, **Pf**au, **Pf**effer, **Pf**ad, Ko**pf**, To**pf**

Wird ein Wort im Innern mit pf geschrieben, so besteht es aus
zwei Silben. Am ersten Silbenende wird das /p/ und am nächsten
Silbenanfang das /f/ gesprochen. In diesem Fall handelt es sich
nicht um den Laut /pf/, sondern um die zwei Laute /p/ und /f/.

Wörter mit pf als Laute /p/ und /f/	Apfel, Zipfel, zupfen, Gipfel, Zapfen, stopfen, rupfen, Schnupfen, Tropfen, Kupfer, hüpfen, klopfen, Wipfel, stapfen, knüpfen, schlüpfen

Übungssätze mit /pf/
(Der Laut /pf/ steht im Fettdruck.)

1. **Pf**erde sind beliebte Haustiere.
2. **Pf**effer und Salz gehören in jede Küche.
3. **Pf**annen und Töpfe sind Haushaltsgegenstände.
4. Der **Pf**au hat ein buntes Gefieder.
5. Wir **pf**lanzen einen Baum.
6. Im Wipfel des Baumes hängen Zapfen.

Die Laute /m/ und /n/

Die Laute /m/ und /n/ sind stimmhafte Nasallaute. Beim /m/ liegt die Zunge flach im Mund, beim /n/ hebt sich die Zungenspitze gegen den vorderen harten Gaumen. (Die beiden Laute werden hier gemeinsam besprochen, da die Aussprache so leicht ist, dass sie schon von Kleinstkindern beherrscht wird.)

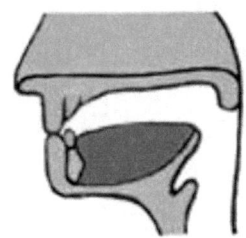 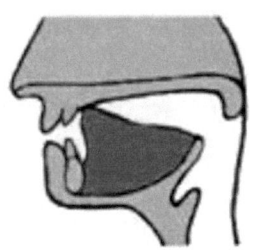

Zungenlage beim Laut /m/   Zungenlage beim Laut /n/

Wörter mit /m/   **Ma**ma, **M**aler, **M**auer, **M**ann, **M**aus, **m**it, **im**, i**mm**er, La**mm**, Da**mm**, **M**ut, **M**iete, Hi**mm**el

Wörter mit /n/   **N**ase, **N**ame, **N**udeln, **N**agel, **N**acht, **N**atur, A**nn**a, **n**eu, **n**anu, **n**e**nn**en, **n**eun, i**nn**en, **n**un

Übungssätze für die Laute /m/ und /n/
(Beide im Fettdruck.)

1. **M**eister **M**üller **m**ahle **m**ir **m**orgen eine**n** Eimer **M**ehl.
2. **M**eine **M**utter hat **m**ir nie**m**als Ku**mm**er ge**m**acht.
3. **M**anch**m**al ko**mm**t alles auf ein**m**al zusa**mm**e**n**.
4. **N**u**n** kö**nn**en wir e**n**dlich **N**utze**n** aus u**n**serer Arbeit ziehe**n**.
5. Ei**n** **N**arr ka**nn** **n**ur du**mm** frage**n**.
6. **M**a**n** ka**nn** sich über die **N**atur **n**ur wu**n**der**n**.

Der Laut /l/

Das /l/ ist ein stimmhafter Engelaut. Die Zungenspitze hebt sich gegen den vorderen harten Gaumen, die Atemluft streicht an den Zungenrändern vorbei. Der Mund ist weit geöffnet.

Wörter mit   Land, Luft, Licht, laut, laufen, leise, leicht,
dem Laut /l/   alle, Teller, still, soll, kalt, blau, Tal, Kanal

Übungssätze für den Laut /l/

1. Alle wollen viel lernen.
2. Still und klar liegt der See.
3. Lesen lernen ist leicht.
4. Lachen lockert Leib und Seele.
5. Die Lüge ist laut, die Wahrheit ist leise.
6. Die Farben lila und blau gefallen nicht allen.

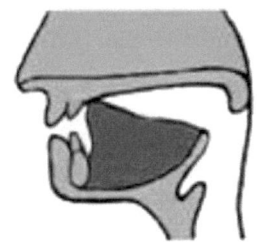

Zungenlage beim Laut /l/

Der Laut /r/

Der Laut /r/ ist ein Schwirrlaut. Im Deutschen gibt es zwei ganz unterschiedliche r-Laute. Beide r-Laute sind im Deutschen richtig. In der internationalen Lautsprache gibt es für die beiden Laute verschiedene Zeichen. Wir schreiben sie hier als /r/ und /R/.

1. Das Zungenspitzen-/r/

Beim Zungenspitzen-/r/ ist die Zungenspitze in Richtung des oberen Zahndamms angehoben. Bei der Lautbildung vibriert die Zunge von oben nach unten. Die Vibration sollte nicht zu lange dauern, da sonst der Laut zu auffällig klingt. Dieser Laut wird zwar überall in Deutschland verwendet, aber vornehmlich in Regionen Süddeutschlands.

2. Das Zäpfchen-/R /

Beim Zäpfchen-/R/ hebt sich der hintere Zungenrücken in Richtung des weichen Gaumens. Der weiche Gaumen und das Zäpfchen vibrieren, wobei der /R/-Laut entsteht. Dieses /R/ wird von den meisten Deutschen gesprochen. Das Zäpfchen-R lässt sich leichter erlernen.

Wörter mit dem Laut /r/ oder /R/	Rasen, Rand, Rätsel, Rolle, Ritter, Rahmen, Reis, Ratte, Rübe, Rezept, Ruhe, Rute, Riese, Raupe, Roller, Reise, Rose, raten, rollen, rot, rühren, rund, ruhig, rubbeln, rauschen, Herr

(Das r kann man entweder als Zungenspitzen-r oder Zäpfchen-R sprechen. Je nachdem, was man gewohnt ist.)

Übungssätze für den Laut /r/ bzw. /R/

1. **R**ote **R**osen ve**r**raten di**r** meh**r** als viel Ge**r**ede.
2. **R**ankende **R**osen **r**ingeln sich am Geblände**r** empo**r**.
3. Am **R**hein **r**eifen die **R**eben an den **R**ebstöcken.
4. Es ist nicht **r**atsam, ohne **R**ast und **R**uh zu **r**eisen.
5. We**r** sich **r**ühmt, nie zu i**r**ren, ist ein Na**rr**.
6. Ehre, wem Ehre gebüh**r**t.
7. De**r r**ote Ball **r**ollt die T**r**eppe he**r**unter.
8. Bei de**r** Feie**r** ging es d**r**auf und d**r**unter.
9. Die Wah**r**heit ist nu**r** in **R**aten e**r**fah**r**bar.
10. In **R**ussland he**rr**scht oft kli**rr**ende Kälte.
11. Ohne Mu**rr**en ist meh**r** zu e**rr**eichen.
12. In de**r** Kürze liegt die Würze.

Der Laut /s/

Das /s/ ist ein Reibe- und Engelaut. Die Zunge liegt flach im Mund, die Zungenspitze liegt am unteren Zahndamm. Das /s/ wird entweder stimmhaft, oder stimmlos gesprochen. Das stimmhafte /s/ wird immer mit dem Buchstaben s geschrieben. Das stimmlose /s/ wird entweder als s oder als ss oder ß geschrieben. In der Schreibweise s steht es am Wort- oder Silbenende. In der Schreibweise ss, ß ist das s immer stimmlos.

(Eine andere Form der /s/-Bildung, bei der sich die Zungenspitze in Richtung des vorderen harten Gaumens anhebt, bleibt hier unbeachtet, da sie zwar auch richtig ist, aber eher selten gesprochen wird.)

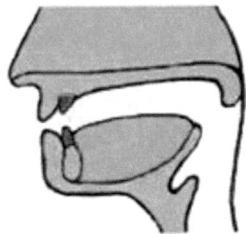

Zungenlage beim Laut /s/

Wörter mit stimmhaftem /s/	Sahne, Salat, Samen, Sage, Seife, Sieg, sagen, Sonne, Sonntag, See, Seide, Sofa, Signal, sieben, Seil, Süden, Siedler, suchen
Wörter mit stimmlosem /s/	Bus, Gras, Glas, Reis, Haus, Maus, Moos, raus, alles, Mais, Nuss, Kuss, Fass, Guss, Fass, Wasser, Kies, Kissen, Kasse, fassen

Das stimmlose /s/ tritt als Laut auch in verschiedenen Schreibweisen als eine Lautverbindung auf.

38

c	als /ts/	**C**äsar	z	als /ts/	**Z**iege
x	als /ks/	He**x**e	chs	als /ks/	Fu**chs**
cks	als /ks/	Kle**cks**	ks	als /ks/	Ke**ks**

Übungssätze für das stimmhafte /s/
(Das stimmhafte /s/ steht im Fettdruck.)

1. Die **S**onne zieht uns in den **S**üden.
2. Auf dem **S**ofa liegt ein Kissen mit **S**eidenbezug.
3. Dem **S**onnabend folgt mit **S**icherheit der **S**onntag.
4. Im **S**ommer fahren wir an die **S**ee.
5. **S**eife **s**oll immer **s**auber **s**ein.
6. Ich packe meine **s**ieben **S**achen und verrei**s**e.
7. **S**ara und **S**abine **s**ind häufige Mädchennamen.
8. Man **s**ollte **s**ich **s**einer **S**ache **s**icher **s**ein.
9. **S**ich **s**elbst erkennen führt zur **S**elbstveränderung.
10. Die**s**e **S**ache ist ein Buch mit **s**ieben **S**iegeln.

Übungssätze für das stimmlose /s/
(Das stimmlose /s/ steht im Fettdruck.)

1. Wa**s** ich nicht weiß, macht mich nicht heiß.
2. Ich gieße Wa**ss**er in die Ta**ss**e.
3. Da**s** Fa**ss** i**s**t voll Wa**ss**er.
4. Ei**s** e**ss**en im Bu**s** i**s**t verboten.
5. Die Mau**s** fri**ss**t Rei**s** und Mai**s**.
6. Reißende**s** Wa**ss**er fließt au**s** den Flü**ss**en in**s** Meer.
7. Ha**ss** i**s**t nicht**s** Gute**s**.
8. E**s** gibt nicht**s** Gute**s**, außer man tut e**s**.
9. E**s** i**s**t nicht alle**s** Gold wa**s** glän**z**t.
10. Manche mü**ss**en immer alle**s** be**ss**er wi**ss**en.

Der Laut /sch/

Das /sch/ ist ein Reibelaut. Die Zunge wird in den Mundraum zurückgezogen. Die Zungenspitze ist von den vorderen Schneidezähnen entfernt. Die Lippen sind gerundet. In deutschen Wörtern gibt es nur ein stimmloses /sch/. Das stimmhafte /sch/ erscheint in Wörtern aus anderen Sprachen. Dort wird es als g oder als j geschrieben. Das stimmhafte /sch/ wird etwa wie /dsch/ im Wort "Dschungel", aber ohne das anklingende /d/ gesprochen.

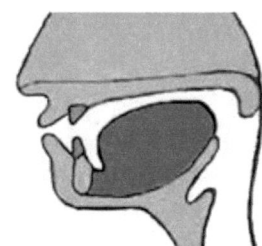

Zungenlage beim Laut /sch/

Wörter mit /sch/ am Wortanfang	**Sch**uh, **Sch**ule, **Sch**al, **Sch**ale, **Sch**ach, **Sch**i, **Sch**iene, **Sch**ere, **sch**on, **sch**ön, **sch**arf
Wörter mit /sch/ in der Wortmitte	Fla**sch**e, Mu**sch**el, Ta**sch**e, zi**sch**en, tu**sch**eln, lut**sch**en, wa**sch**en, wat**sch**eln
Wörter mit /sch/ am Wortende	Ti**sch**, Bu**sch**, Fi**sch**, Fro**sch**, Klat**sch**, fri**sch**, Hir**sch**, ra**sch**, Dor**sch**, Mar**sch**
Wörter mit stimmhaftem /sch/	**J**eans, **J**eep, **J**ob, **J**oker, **J**ohn, **J**eanette, Eta**g**e, Gara**g**e, Blama**g**e, Coura**g**e, Ra**g**e, **G**igolo, **G**iacomo, **G**iovanni, **G**entleman

Übungssätze für den stimmlosen Laut /sch/
(Das stimmlose /sch/ steht im Fettdruck.)

1. Die **Sch**lange zi**sch**t.
2. Das **Sch**af **sch**läft in der **Sch**eune.
3. In der **Sch**ule lernen die **Sch**üler **sch**reiben.
4. Die Mu**sch**el hat eine harte **Sch**ale.
5. Der Fi**sch sch**wimmt im Fluss.
6. Die **Sch**olle ist ein Plattfi**sch**.
7. Der Fro**sch** fühlt sich im **Sch**lamm wohl.
8. In der **Sch**ale liegen fri**sch**e Kir**sch**en.
9. Der **sch**nelle Zug fährt auf **Sch**ienen.
10. Die **Sch**necke lebt im **Sch**neckenhaus.
11. Der **Sch**neider **sch**nippelt mit der **Sch**ere.
12. **Sch**adenfreude ist nichts **Sch**önes.

Übungssätze für den stimmhaften Laut /sch/
(Das stimmhafte /sch/ steht im Fettdruck.)

1. **J**eanette trägt am liebsten **J**eans.
2. Wir fahren den **J**eep in die Gara**g**e.
3. Vor Wut geriet er in Ra**g**e.
4. Du brauchst dich nicht zu **g**enieren.
5. Das Haus hat mehrere Eta**g**en.
6. Die Mira**g**e ist ein französisches Flugzeug.
7. Auf der Bank unterhält man ein **G**irokonto.
8. Wir fürchten uns vor einer Blama**g**e.
9. Coura**g**e ist ein Wort für Mut.
10. Bei Kartenspielen gibt es einen **J**oker.
11. Black **J**ack ist ein Glücksspiel.
12. Alle möchten einen guten **J**ob haben.

Das sp und das st

Das sp

Das sp wird am Wortanfang und Anfang von Silben so gesprochen, als stünde für das s ein sch. Wir sprechen "Spiegel" nicht /S...piegel/, sondern /Schpiegel/. In der Wortmitte dagegen werden s und p wie zwei Laute gesprochen.

Wörter mit sp als /schp/	**Sp**ort, **Sp**aß, **Sp**atz, **Sp**echt, **sp**innen, **Sp**ieß, **Sp**annung, **sp**ielen, **sp**aren, **sp**enden, **Sp**eise
Wörter mit den Lauten /s/ und /p/	Kasper, Wespe, Knospe, Haspel, Gospel, lispeln, Raspel, knuspern, räuspern, wispern

Das st

Beim st gelten die gleichen Regeln wie beim sp. Wir sprechen "Stein" nicht /S...tein/, sondern /Schtein/. In der Wortmitte oder am Wortende dagegen werden s und t wie zwei Laute gesprochen.

Wörter mit st als /scht/	**St**ein, **St**uhl, **St**all, **St**adt, **St**reit, **St**ufe, **st**ur, **St**olz, **St**imme, **St**rauch, **St**empel, **St**orch, **st**ill
Wörter mit den Lauten /s/ und /t/	Kiste, Kasten, Weste, Post, Schuster, Mist, Pest, Büste, Last, Nest, List, rasten, Rest

Übungssätze mit sp und st

1. Mit **Sp**annung verfolgen wir beim **Sp**ort das **Sp**iel.
2. Die **Sp**inne versteckt sich in einem **St**rauch.
3. Eine laute **St**imme ist oft das Zeichen von **St**olz.

Der Laut /z/

Der Laut /z/ setzt sich aus den Lauten /t/ und einem stimmlosen /s/ zusammen. Beide verschmelzen eng miteinander. Daher kann man es entweder als einen eigenen Laut betrachten, aber auch nur als Lautverbindung sehen. Das z schreibt man in der Lautsprache /ts/. Es ist wichtig, dass man beim Sprechen beide Laute erzeugt. Lässt man das anklingende /t/ weg, so klingt das gesprochene Wort falsch. Die Schreibweise tz führt schon ein t, so dass nur noch der Laut /s/ angefügt wird.

Wörter mit /z/	**Z**ahn, **Z**ahl, **Z**eh, **Z**ettel, **Z**iege, **Z**oo, **Z**aun, **Z**euge, **Z**ange, **Z**werg, **z**iehen, **z**eigen, **z**wei
Wörter mit tz	Bli**tz**, Wi**tz**, Spa**tz**, Klo**tz**, Gla**tz**e, Hi**tz**e, si**tz**en, se**tz**en, kra**tz**en, schü**tz**en, he**tz**en, Sa**tz**, jet**z**t

Übungssätze für den Laut /z/

1. Die **Z**iege ist ein **z**ahmes Haustier.
2. Im **Z**oo leben **Z**ebras und **Z**werg**z**iegen.
3. Ka**tz**en können kra**tz**en.
4. Der Hund **z**eigt knurrend seine **Z**ähne.
5. Der kleine **Z**aunkönig **z**witschert ein Lied.
6. Auf einem **Z**ettel hat jemand **Z**ahlen gekritzelt.
7. Der Pla**tz**regen wird von einem Bli**tz** begleitet.
8. Der Patient si**tz**t beim **Z**ahnarzt ängstlich im **Z**ahnarztstuhl.
9. Man **z**eigt nicht mit dem **Z**eigefinger auf andere.
10. Manche Menschen erzählen gerne Wit**z**e.
11. **Z**ahn um **Z**ahn ist keine gute Lebensregel.
12. Im **Z**orn **z**u gehen, ist eine schlechte Entscheidung.

43

Die Laute /ch/- und /j/

Es gibt im Deutschen zwei /ch/-Laute. Es wäre denkbar, dafür zwei unterschiedliche Buchstaben zu verwenden. In der internationalen Lautschrift führt man für die beiden Laute zwei verschiedene Zeichen. Wir wollen die beiden Laute hier /ch1/ und /ch2/ nennen. Das /ch1/ und /ch2/ sind stimmlose Reibelaute. Beim ch1 liegt die Zungenspitze am unteren Zahndamm, der vordere Zungenrücken ist in Richtung des harten Gaumens angehoben. Beim /ch2/ ist die Zungenspitze leicht zurückgezogen, der hintere Zungenrücken wölbt sich in Richtung des weichen Gaumens. Das /j/ ist die stimmhafte Ausführung des /ch1/. Beim ch bestimmt der vorhergehende Vokal, ob es wie /ch1/ oder /ch2/ gesprochen werden muss.

Nach den Vokalen e, i, ä ,ö, ü, ei, eu wird /ch1/ gesprochen.

/ch1/ nach e	Becher
/ch1/ nach i	Licht
/ch1 nach ä	Dächer
/ch1/ nach ö	Köchin
/ch1/ nach ü	Bücher
/ch1/ nach ei	Eiche
/ch1/ nach eu	leuchten

Nach den Vokalen a. o, u, au wird /ch2/ gesprochen.

/ch2/ nach a	Bach
/ch2/ nach o	Loch
/ch2/ nach u	Buch
/ch2/ nach au	Bauch

Wörter mit /ch1/	ich, mich, dich, sicher, wichtig, Licht, reich, Kirche, Teppich, Scheich, Tücher, Becher
Wörter mit /ch2/	ach, Bach, Dach, Fach, Loch, doch, noch, Tuch, Macht, suchen, machen, Rauch
Wörter mit /j/	ja, Japan, Jaguar, jagen, jeder, Boje, jetzt, Jod, Junge, Jugend, Jäger, Januar, Juni, Juli

Ausnahmen: Das ch kann in Fremdwörtern am Wortanfang wie /ch1/, /k/, /sch/ oder /tsch/ gesprochen.

Ch als /k/	Christus, Christian, Chrom, Chlor, Chronik
Ch als /ch1/	Chemie, China
Ch als /sch/	Charme
Ch als /tsch/	Chip

Übungssätze mit dem Laut /ch1/

1. Es ist richtig: Licht ist für uns wichtig.
2. Ich habe dich sicherlich nicht gesehen.
3. Schneewittchen hat aus sieben Bechern getrunken.

Übungssätze mit dem Laut /ch2/

1. Das Buch liegt im Fach.
2. Im Tuch ist ein Loch.
3. Wir machen unsere Sachen gut.

Übungssätze mit dem Laut /j/

1. Die Monate Juni und Juli fallen in den Sommer.
2. Die Jagd auf den Jaguar ist verboten.
3. Japaner sind uns jederzeit willkommen.

Der Laut /h/ und das Dehnungs-h

Der Laut /h/ ist ein stimmloser Kehlkopfreibelaut. Er ist kein Vokal und auch kein echter Konsonant. Er besteht nur aus einem hörbaren Ausatmen. Der Buchstabe h wird zudem in vielen Wörtern gar nicht als ein Laut gesprochen, sondern bleibt stumm und wird dann als "Dehnungs-h" bezeichnet. Der Laut /h/ wird nur am Wortanfang oder Anfang einer Silbe gesprochen.

Wörter mit dem Laut /h/	Herr, Hase, Haar, Hose, Horn, Hund, Hut, Haus, Haken, Hammer, Himmel, Hütte, Hand

Das Dehnungs-h

Wenn einem Selbstlaut oder einem Umlaut ein h folgt, so spricht man von einem Dehnungs-h. Das heißt, dass der Laut vor dem h lang gesprochen wird. Das /h/ kann man in diesen Wörtern nicht hören.

Wörter mit Dehnungs-h	Uhr, Ohr, Bahn, Sohn, Reh, Zahn, wohnen, Kahn, Lohn, Mühle, Kohl, Zahl, kahl, mehr

Einige Verben beginnen in der zweiten Silbe mit einem h. Das ist kein Dehnungs-h, sondern der Laut /h/. Wenn man diese Wörter beugt, so steht ein Dehnungs-h bei der gebeugten Form in der zweiten und dritten Person Einzahl und der zweiten Person Mehrzahl.

Grundform und gebeugte Formen mit Dehnungs-h

gehen	er geht	du gehst	ihr geht
stehen	er steht	du stehst	ihr steht
drehen	er dreht	du drehst	ihr dreht

Besondere Schreibweisen

Das c

Das c ist ein Buchstabe, aber kein deutscher Sprachlaut. Alle Wörter, die ein allein stehendes c enthalten, sind Fremdwörter. Sie werden entsprechend ihrer Herkunft aus anderen Sprachen als /z/ oder als /k/ oder als /tsch/ gesprochen. (Die Buchstabenverbindungen ch und sch enthalten ein c, aber nicht als eigenständigen Laut.)

Das c als Laut /z/   **C**äsar, **Cic**ero, **C**äcilia, **C**ynthia, **C**entrum, **C**ent, **C**D, **C**elsius, **C**enter, **c**entral, **C**ity

Das c als Laut /k/   **C**amping, **C**ollie, **C**omi**c**, **C**oca-**C**ola, **C**ousin, **C**outsch, **C**lan, **C**lown, **c**lever, **C**abrio, **C**rew

Das c als   **C**ello, **C**embalo, **c**iao (gesrochen: /tschau/)
Laut /tsch/

Übungssätze für das c
(Das c als Laut /k/ steht im Fettdruck.)

1. In **C**omi**c**s treten komische Figuren auf.
2. Der **C**lown tanzt auf der **C**ouch.
3. Auf dem **C**ampingplatz stehen viele **C**aravans.
4. Celsius ist eine Maßeinheit für Temperaturen.
5. Im Centrum der Stadt steht ein Einkaufscenter.
6. Cynthia spielt Cello und Cembalo.

Das v

Der Buchstabe v ist kein eigener Laut. Er wird entweder als /f/ oder als /w/ gesprochen. Wörter, in denen v als /w/ gesprochen wird, sind ihrem Ursprung nach Fremdwörter. In deutschen Wörtern erscheint das v besonders häufig in den Vorsilben ver und vor.

Wörter mit v als /f/	**V**ater, **V**ogel, **V**olk, **V**eilchen, **V**erkehr, **V**erein, **v**orlesen, **v**ersuchen, **v**or, **v**iel, **v**oll, **v**oran
Wörter mit v als /w/	**V**ampir, **V**ase, **V**itamine, **V**ulkan, **V**irus, **V**entil, **V**okal, **V**itrine, **V**ioline, **V**olumen

Übungssätze für den Buchstaben v
(Das v als Laut /w/ steht im Fettdruck.)

1. Es gibt viele verschiedene Vogelarten.
2. In der **V**ase verwelken die Veilchen.
3. **V**itamine sollen die **V**italität steigern.
4. **V**iren sind Ursache vieler Krankheiten.
5. Sei vorsichtig im Straßenverkehr.
6. Versuche nicht zu viel auf einmal.
7. Eva und **V**era sind häufige Frauennamen.
8. Jedes Wort enthält mindestens einen **V**okal.
9. Wer an **V**ampire glaubt ist ein Feigling.
10. Bei einer Wahl **v**otiert man für einen Kandidaten.
11. Man sollte Versprechen nicht voreilig geben.
12. Ein Schrei ist für viele ein **V**entil für die Seele.

Das qu

Das qu ist kein eigenständiger Laut. Es wird /kw/ gesprochen. Es besteht aus dem Explosivlaut /k/ und dem Reibelaut /w/.

Wörter mit qu als /kw/	**Qu**elle, **Qu**alle, **Qu**alm, **Qu**adrat, **Qu**ittung, **Qu**ark, **Qu**aste, be**qu**em, A**qu**arium, **qu**aken

Übungssätze für das qu

1. Der Fluss entspringt in einer **Qu**elle.
2. Die **Qu**alle ist ein Weichtier.
3. Das **Qu**adrat hat vier gleiche Winkel.

Das x

Das x setzt sich aus den Lauten /k/ und einem stimmlosen /s/ zusammen. Am Wortanfang steht es nur bei Namen und Fremd-wörtern. Die Schreibweisen ks, chs, cks, werden genauso wie das x gesprochen.

Wörter mit x, chs, cks, ks

x	**X**aver, **X**anthippe, He**x**e, Ni**x**e, kra**x**eln, A**x**t, Mi**x**er, bo**x**en, he**x**en, fi**x**, Ju**x**, mi**x**en, Pi**x**el
chs	Fu**chs**, Lu**chs**, La**chs**, Da**chs**, Eide**chs**e, Wa**chs**, Dei**chs**el, wa**chs**en, Bü**chs**e, se**chs**
cks	Kle**cks**, Kni**cks**, Kna**cks**, Hä**cks**el
ks	Ke**ks**, Ko**ks**

Wenn ein ch und ein s durch Wortzusammensetzung auftreten, so handelt es sich nicht um ein chs, das wie /x/ gesprochen wird, sondern um das Zusammentreffen zweier unterschiedlicher Laute, die beide einzeln gesprochen werden.

Beispiele:

Die Buchseite.	Buch und Seite.
Die Tuchseide	Tuch und Seide.
Die Lauchsuppe	Lauch und Suppe.
Die Fachsimpelei.	Fach und Simpelei.
Der Sprachsalat	Sprache und Salat.

Übungssätze für den Laut /x/ in verschiedenen Schreibweisen

1. Der Name **X**aver ist eher selten.
2. **X**anthippe war die Frau des weisen Sokrates.
3. He**x**en und Ni**x**en gibt es nur in Märchen.
4. Mit einem Mi**x**er kann man Teig rühren.
5. Ich bin fi**x** und fertig.
6. Der Fu**chs** wird als schlau angesehen.
7. Lu**chs**e und Da**chs**e sind sehr scheu.
8. Die Eide**chs**e liegt gerne in der Sonne.
9. Das Pferd zieht den Wagen an einer Dei**chs**el.
10. Pferde fressen gerne Hä**cks**el.
11. Vor einer Königin machen die Damen einen Kni**cks**.
12. Ko**ks** wird aus Kohle hergestellt.

Das y

Das y ist kein eigenständiger deutscher Sprachlaut. Ursprünglich entstammten die Wörter mit y der altgriechischen Sprache. Heute übernehmen wir viele Wörter, die ein y enthalten, aus dem Englischen.

Das y wird wie /ü/ oder /i/ oder /j/ gesprochen.

Beispiele:
y als langes /ü/	Th**y**mian
y als kurzes /ü/	Rh**y**thmus
y als langes /i/	Pon**y**
y als /j/	**y**es

Rh, ph, und th

Blättert man in alten deutschen Büchern, so sieht man, dass noch vor einhundert Jahren das th in vielen Wörtern auftauchte, etwa: "die That", "der Thurm". Die heute noch geltenden Schreibweisen rh, th, und ph sind aus dem Altgriechischen übernommen worden.

Wörter mit ph als Laut /f/	**Ph**ysik, **Ph**änomen, **Ph**antom, **Ph**ilosophie, **Ph**antasie, **Ph**ilister, **Ph**obie, **Ph**arao, **Ph**önix
Wörter mit rh als Laut /r/	**Rh**ein, **Rh**abarber, **Rh**euma, **Rh**ododendron, **Rh**inozeros, **rh**etorisch, **Rh**esus-Faktor
Wörter mit th als Laut /t/	**Th**eologie, **Th**ermalbad, **Th**eke, **Th**ermostat, **Th**ema, **Th**ermometer, **Th**eater, **Th**erapie

Schluss

Die folgende kleine Sammlung von deutschen Sprichwörtern und Spruchweisheiten kann der Einübung einer guten Aussprache dienen. Danach sollten kleine Texte gelesen werden. Besonders eignen sich auch Gedichte, da sie oft so verfasst sind, dass sie schon einen besonderen Sprachrhythmus herausfordern.

Übungssätze zum Verbessern der Aussprache

Sprichwörter

1. Übung macht den Meister.
2. Es ist noch kein Meister vom Himmel gefallen.
3. Aller Anfang ist schwer.
4. Wo ein Anfang ist, muss auch ein Ende sein.
5. Morgenstund hat Gold im Mund.
6. Wer anderen eine Grube gräbt, fällt selbst hinein.
7. Es ist nicht alles Gold was glänzt.
8. Wie gewonnen, so zerronnen.
9. Was Hänschen nicht lernt, lernt Hans nimmer mehr.
10. Man soll den Tag nicht vor dem Abend loben.
11. Dummheit und Stolz, wachsen auf einem Holz.
12. Wer A sagt, muss auch B sagen.
13. Es ist noch nicht aller Tage Abend.
14. Der Apfel fällt nicht weit vom Stamm.
15. Wenn es dem Esel zu heiß wird, geht er aufs Glatteis.
16. Es gibt nichts Gutes, außer man tut es.
17. Der Appetit kommt beim Essen.
18. Man kann einen Weg nicht zweimal gehen.
19. Was der Bauer nicht kennt, das isst er nicht.
20. Man muss den Baum biegen, solange er jung ist.
21. Es wird nichts so heiß gegessen, wie es gekocht wird.
22. Wer zuerst kommt, mahlt zuerst.
23. Die Hoffnung stirbt zuletzt.
24. Frisch gewagt ist halb gewonnen.
25. Wer sich in Gefahr begibt, kommt darin um.
26. Wer befehlen will, muss zuerst gehorchen lernen.
27. Gleich und gleich gesellt sich gern.
28. Jeder ist seines Glückes Schmied.
29. Dem Glücklichen schlägt keine Stunde.
30. An Gottes Segen ist alles gelegen.

31. Man soll nicht auf zwei Hochzeiten gleichzeitig tanzen.
32. Hochmut kommt vor dem Fall.
33. Die Katze lässt das Mausen nicht.
34. Jeder kehre vor seiner Tür.
35. Wo kein Kläger ist, da ist auch kein Richter.
36. Wo gezimmert wird, da fallen auch Späne.
37. Klappern gehört zum Handwerk.
38. Der Klügere gibt nach.
39. Wer langsam geht, kommt auch zum Ziel.
40. Schuster bleib bei deinen Leisten.
41. Den Letzten beißen die Hunde.
42. Was sich liebt, das neckt sich.
43. Der Mensch lebt nicht vom Brot allein.
44. Lügen haben kurze Beine.
45. Mit Speck fängt man Mäuse.
46. Was kümmert`s den Mond, wenn ihn der Hund anbellt.
47. Man soll nicht aus der Mücke einen Elefanten machen.
48. Jeder ist sich selbst der Nächste.
49. Guter Rat ist teuer.
50. Reden ist Silber, Schweigen ist Gold.
51. Er redet viel, wenn der Tag lang ist.
52. Durch Schaden wird man klug.
53. Steter Tropfen höhlt den Stein.
54. Stille Wasser sind tief.
55. Wer die Wahl hat, hat die Qual.
56. Wenn man vom Teufel spricht, ist er nicht weit.
57. Kommt Zeit, kommt Rat.
58. Die Zeit heilt viele Wunden.
59. Müßiggang ist aller Laster Anfang.
60. Da ist Hopfen und Malz verloren.
61. Bellende Hunde beißen nicht.
62. Irren ist menschlich.
63. Der Krug geht solange zu Wasser, bis er bricht.
64. Eine Schwalbe macht noch keinen Sommer.

Spruchweisheiten

1. Wer fremde Sprachen nicht kennt, weiß nichts von seiner eigenen. (Goethe)
2. Zuerst belehre man sich selbst, dann wird man Belehrung von anderen erfahren. (Goethe)
3. Alles Gescheite ist schon gedacht worden, man muss nur versuchen, es noch einmal zu denken. (Goethe)
4. Man wird nie betrogen, man betrügt sich nur selbst. (Goethe)
5. Unsere Eigenschaften müssen wir kultivieren, nicht unsere Eigenheiten. (Goethe)
6. Die Welt ist eine Glocke, die einen Riss hat: sie klappert, aber sie klingt nicht. (Goethe)
7. Das Betragen ist ein Spiegel, in welchem jeder sein Bild zeigt. (Goethe)
8. Wenn die Fische stumm sind, so sind dafür ihre Verkäuferinnen desto beredter.(Lichtenberg)
9. Wer nicht sucht, wird bald nicht mehr gesucht. (Jean Paul)
10. Zehn Küsse werden leichter vergessen als ein Kuss. (Jean Paul)
11. Zur Lebensart gehört, dass man auch gegen sich höflich sei. (Jean Paul)
12. Der Sitz der Seele ist da, wo sich Innenwelt und Außenwelt berühren. (Novalis)
13. Wo Kinder sind, da ist ein goldenes Zeitalter. (Novalis)
14. Der Leichtsinn ist ein Schwimmgürtel für den Strom des Lebens. (Börne)
15. Klugheit ist oft lästig wie ein Nachtlicht im Schlafzimmer. (Börne)
16. Weise erdenken die neuen Gedanken und Narren verbreiten sie. (Heine)
17. Mit Blitzen kann man die Welt erleuchten, aber keinen Ofen heizen. (Hebbel)

18. Nur der das Zarteste schafft, kann das Stärkste schaffen. (Hofmannsthal)
19. Die Eitelkeit macht gesprächig, der Stolz schweigt. (Schopenhauer)
20. Jede Nation spottet über die andere, und alle haben recht. (Schopenhauer)
21. Ruhm muss erworben werden, Ehre braucht bloß nicht verloren zu gehen. (Schopenhauer)
22. Nicht dem Vergnügen, sondern der Schmerzlosigkeit geht der Vernünftige nach. (Schopenhauer
23. Um durch die Welt zu kommen, ist es zweckmäßig, einen großen Vorrat von Vorsicht und Nachsicht mitzunehmen. (Schopenhauer)
24. Man muss alt geworden sein, um zu erkennen, wie kurz das Leben ist. (Schopenhauer)
25. Viel von sich reden kann auch ein Mittel sein, sich zu verbergen. (Nietzsche)
26. Wir sind so gerne in der freien Natur, weil diese keine Meinung über uns hat. (Nietzsche)
27. In der Einsamkeit frisst sich der Einsame selbst auf, in der Vielsamkeit fressen ihn die Vielen. (Nietzsche)
28. Das Gute missfällt uns, wenn wir ihm nicht gewachsen sind. (Nietzsche)
29. Von seinen Feinden zu lernen, ist der beste Weg dazu, sie zu lieben. (Nietzsche)
30. Der Mensch ist das Lebewesen, das des Trostes bedarf. (Blumenberg)
31. Der Arzt braucht gleich viel Wissen zum Nichtverschreiben wie zum Verschreiben. (Gracian)
32. Wer alles verspricht, verspricht nichts. (Gracian)
33. Nicht alle Wahrheiten kann man sagen, die einen nicht unser selbst wegen, die andern nicht des andern wegen. (Gracian)